Ludwig Verbeek

Die Währung der Wörter

Gedichte

D1720383

HORLEMANN

Umschlaggestaltung unter Verwendung eines
Fotos von Michael Werner Nickel / Pixelio

Bitte fordern Sie unser
aktuelles Gesamtverzeichnis an:

Horlemann Verlag
Postfach 1307
53583 Bad Honnef
Telefax 0 22 24 / 54 29
E-Mail: info@horlemann-verlag.de
www.horlemann.info

Gedruckt in der EU
ISBN 978-3-89502-286-9

Liebe liebt sich nicht aus
wird nicht mit uns alt

Für Christiane

S p r i c h t die Seele, so spricht,
ach! schon die S e e l e nicht mehr.

Friedrich Schiller

Albtraum

Der Text begann zu schmelzen
gelöscht das letzte Wort
vertilgt die letzte Zeile
so unaufhaltsam fort
ein Alb die Wörter fraß
sie schmolzen weg

Und was ich schwarz auf weiß
getrost im Herzen hatte
ward nun das blanke Nichts

Volksdichter

In einer andern Zeit
da säß ich wohl
am Wald auf einem Steine
und schaute auf das Land hinab

Und sagte was ich sähe
in ungepanschtem Deutsch
als Volkes Zunge unverhöhnt
das Leben eines Dichters krönt

Vorbei die Zeit des Überblicks
auf menschliches Gefilde
das Erdreich ist versiegelt
verhökert ward der Wörter Schatz

Betäubt ist Volkes Ohr
vom Mediengerausche
es brüllt und schweigt im Chor

Weil wir verspielt
die Melodie der Welt

Der Krake

Im Meer der Sprache
bin ich der Krake
Kopffüßler Tintenfisch
der seine Tentakeln
ausfahrend fischt
die faul gewordenen Wörter

Unverdaulich
das englische Seegarn
worin sich so mancher
Gedanke verfängt
um stinkend im Netz
global zu verrotten

Verlieren wird er
den Kampf
gekippt ist das Meer
und ausgepumpt
seine Tinte

Versnetze

Versnetze haben
mein Leben gerettet
wie oft

Stürzte ich ab
fingen Verse
mich auf

auch meine eignen

Aber die vor mir
gesponnen –
ihre Fäden
ihre Verknüpfungs-
Kunst

regten
die Spinndrüsen an
den Mantel zu weben
der getragen
mich trägt

Das Wort

wo der mensch
hin geht
da steht
schon das wort

denn das wort
das da war
das da wird
kommt von Gott

start bahn
und ziel
nennt das wort

quell grund
und baum
ist sein ort

und sein kleid
webt die zeit
und sein raum
wächst im traum

Infinitive

Innehalten
tief gestalten
fassen
und es laufen lassen

tun
und ruhn
nichts tun
im Ruhn

als träumen
nicht sich bäumen
manchmal lachen
mitten im Wachen

Mittelwörter

Schauend hörend und begreifend
erlebend wissend und erkennend
zählend sichtend still benennend
durch Wiesen und durch Wälder streifend

den Mund versiegelt oder pfeifend
gehend stolpernd oder rennend
frierend doch im Herzen brennend
alternd kindisch oder reifend

versagend fragend schweigend trauernd
und eine Welt im Kopfe spinnend
schon halb entrückt am Wegrand kauernd

und zeitvergessen träumend sinnend
bild ich Verheißung mir nicht ein
die Schale reißt ich spingks ins Sein

Sprache

die sprach das schiff
das wort das riff
die sprach das meer
das wort das schiff

das wort zu schwer
das schiff macht bruch
sinkt in das meer
am riff zu schwer

es schrie mein mund
schiff sank ins meer
und ging zu grund

das wort das schiff
das schiff die sprach
das meer das riff

an dem es brach

Nach dem Mittagsschlaf

Weit zum Gedicht
können die Wege sein
du stehst auf einem Schatz
aber dein Fuß
sieht ihn nicht

Unwetter herauf
zieht durch dein Kinderfenster
langweilig und hell
schaut Bescheidenheit
wo du zu Gast

Pol der Überreiztheit
der Ausgeruhtheit Pol

den Schuppen gestapelt
voll Holz
Wind heult im Kamin

alles fehlt dir
nichts hast du
Feuer zu streichen

Archäopteryx

Nicht schreibend
existiert er
der Schrift bedürfen
seine Verse
der Noten
seine Weise nicht

Er muß sich nicht
im Buch begründen

Das Sinngrün
rauscht ihm nicht
im Blätterwald entgegen

Urvogel ist er
singend

Doch sein Lied verstummt
versteint im Tod
als wär es nie
gewesen

Arabeske

Die Grafik
links und rechts von meinem Text
der stockt
sie wächst
die Hand hat frei
braucht nicht ein Wort zu schreiben
das nicht fällt

Und los gelassen
zeichnet sie
ein Mieder das auf Taille trimmt
zieht Gitter die Kristalle steifen
und Ranken
die zu Arabesken reifen

Zuletzt ein Auge aufs Papier
mit stechender Pupille
die Worte her die Hand
gehorcht
Gedicht dein Wille

Selbstgespräch

Im Alter spielt das Hand-
werk keine Rolle mehr
man kennt die Kniffe
schätzt ihre Wirkung ein

Es kommt auf etwas andres an
wie selbst-verständlich ist es
quälend nah
und doch so ganz weit weg
oft hinterm Horizont versunken

Vor Ungeduld versuchst du nun
zu bannen es im Bild
und greifst nach treffenden Metaphern
unverbraucht

Da hängt das neue Bild
und manchen spricht es an
doch was du in ihm finden wolltest
verschwand

Die Kunst

es weht der geist
wo hin er will
du kind schweig still
wenn du nichts weißt

wenn er dich heißt
ich will ins wort
so faß ihn dort
wo er dich reißt

die kunst ist nicht
der weg zum heil
sie bricht das licht

sie treibt den keil
sie klärt die sicht
das ist ihr teil

Selbstverrat

Ich habe mich
den Dichter ab-
gelegt

bin nur noch etwas
das sich fühlt
auch ohne die ver-
ratne Sprache

Ihr könnt mich mal
die ihr mich nicht an-
hört

Nun sind die Wörter Währung
mit gleicher Münze
zahl ich heim

Doch wenn die Erde
mir das Kreuz verbrennt
dann steh ich auf
und zieh mich an

Quell

Aus der Mitte gespeist
Randfigur
die ich zu bleiben ge-
denke

rede
ich auf die Leere ein
wo mal Fülle
zu sein schien

vergeblich

sprach-
gewaltig er-
schöpft ver-
schwiegen

der Quell

Drei Kugeln

Drei Kugeln aus Stahl
in meiner Hand
sie klicken und rauben
mir den Verstand

Die Kugeln sind schuld
des bin ich gewiß

ihre spiegelnde Fläche
ihre Härte
die Zahl

Daß ich sie bewege
fiel durch den Riß
zwischen Tat
und Bewußtsein

Dort
wo wir blind

Entfremdung

Die anderen vergiß
vergiß sie alle
und auch dich vergiß

Was in dir spricht
das meint dich nicht
und ist an niemanden gerichtet

Es steigt aus tiefster Fremde auf
und ist so leicht wie Flaum
so schwer wie ein Neutronenstern
doch schwerelos im Traum

Es bläst dich vom Himalaya
um dich im Marianengraben
weich zu betten

verpuppt dich in ein Hirngespinst
verrückt bist du
nicht mehr zu retten

wenn du erwachst ein Schmetterling

Jahrgang 38

Nicht mir zur Feier
noch zum Gespött
widmet sich dieses Gedicht
mir alterndem Mann

Auch diesmal liefert die Sprache
das Fenster für den Blick
in den unendlichen Spiegel

Was ich sehe teil ich mit vielen:
Typ einer Generation
die sich dem Altern verweigert
auf Turnschuhn im Lauf
sich auf und davon macht
im Spiel mit den Jahresringen

Verurteilt zu lernen
und zu entkernen so scheint es
wissend daß immer schon trog
der Schein und die Zukunft
schlummert im Kern

Ihr Reim ist immer noch Sein
sie die gebrannt
im tausendjährigen Feuer
die überlebt

weil es Bucheckern gab
Brennesseln Löwenzahn
Melde und Fallobst
und weil Kilroy mit Care
Nahrung und Tauschmittel schickte

Wir sprechen noch Deutsch
verkörpernd die Zeit
von vor den Revolutionen
die beim Namen zu nennen
fehlen die Wörter

So können die nach uns
nicht wissen was wir verlorn
was ihnen fehlt

Bücher reichen nicht aus –
denn zum Verstehen des Texts
gehört der gebrochene Blick
hinter den Spiegel

Vergangenheits Gegenwart

Mit dem Rücken zur Zukunft
weil Gegenwart mir ein Sieb
samml ich Vergangenheit ein
und das Gescheiterte
wechseln die Wörter in Sinn

Weder Engel noch Richter
meiner Geschichte bin ich
sondern Verwalter
vielfach gebrochner Erinnerung
die zu dem Bild des Abschieds
sich fügt

Um die Zukunft nicht bang
da Gegenwart wird
fall ich der Zeitlosigkeit
gelassen anheim

bedauert betrauert erinnert
gewesen gelesen vielleicht

gemäß meinem Rang

Ekstase

Ich an-
gereichert mit der Strahl-
Kraft der Liebe
werde leben

Bar jeder Halb-
Wertzeit selbst-
vergessen werde ich sein
nichtwissend den Ort
noch seine Beschaffenheit

Sie entziehen
sich dem Bewußt-
Sein

Und die Sprache
holt das nicht heim

Selbst Gewißheit
als Wort
wird zu Asche im Alltag

Gebrochen im Traum

Erschien mir neulich im Traum
der lästige Mahner ich
der schmäht die Vernunft

was sie dafür halten
die nur den fünf Sinnen
und ihren Verstärkern traun

der zeigt mit dem Finger der Zunge
auf Risse im Schatten
wo wir nichts sehn als

Risse im Schatten

redet mit Geistern
rührt an die Seelen der Tiere
deutet die Düfte

lebend von Wasser und Brot
raubt er die Freude am Fleisch

Erwachend fing ich mich ein
Savonarola erlosch

was aber bleibt ist die Asche

Metaphysik

Den Sternenhimmel
schauend beamt
All-Gegenwärtigkeit
tief in Vergangenheit

Fühl mich
der Fläche leicht-
beschwingter Traum
die Mitte im
Weltinnenraum

Doch da der Kick
das ab-
getriebne Kind der Zeit
zerstrahlt im Klick
den Punkt
und um

Sei stumm

der Schritt beyond
in aufgehobne Dimensionen

geschenkt

und nicht gekonnt

Netzwerk

Erkenne es an
was sie geleistet bewirkt
die Tausendschaften von Tüftlern
die Spinnchen der Arbeit
am ganz großen Netz

das seine Nutzer verträgt
aushält und aufhebt
beschleunigt in jeder Beziehung

Wer aber nährt sie
die gierige Fette
wo nistet das Über-
Gespinst in seinem Versteck?

Ich glaube am Ende
fallen als Beute
das Wild und sein Jäger
Gespenstern anheim
deren Schicksal wo-

anders gesponnen

Globalisierung total

Liebste laß doch
unsere inneren Teufel
nicht dauernd außen vor
die äußeren rütteln schon
mit Inbrunst an den Toren

In unserem Lande führen
verkehrte Kobolde
Laster in schriller Ver-
Kleidung vor
lächelt Verfall

Doch was von außen droht
beim Barte des Propheten
ist überlebenstodesgroß

Nach diesem und jenem
im letzten Jahrhundert
fehlt nur noch der gröbste Ver-
Brecher global
als charismatischer Führer
total

Saft des Erinnerns

Hochzeiten gibt es Gipfelglück
Museen die uns verzaubern
und die tiefen Täler der Schwermut
des Stumpfsinns staubige Steppe
des Wörterkriegs Irrsinn

Manchmal Vertraute auch
ausgesetzt auf den Bergen des Herzens
wie der die Rose Rühmende sang
sind Liebende hungernd nach Einsamkeit
niemandes Lust

Ausgesetzt Seewind und Wellen an Bord
mit einem Buch unterm Ölbaum uralt
wo Nagetiers Nest und Zikadengeschrill
und im umfriedeten Garten
träumt sich Beleibtheit voll

Nebensonnen verkünden den Winter
farbig gebrochen im Himmelsflaum weiß
drunten am fruchtigen Rebhang steil
hält sich ein später Sommer noch
ausgereift in seinen letzten Beeren

Schale und Kern für die Erde
Saft des Erinnerns
gekeltert in unserem Mund
Steine Muscheln und Bilder
wie der Worte Versuch zu bannen die Zeit

Asymmetrie

Wo wir zu Hause
im Schweigen sind
da machen Wörter
unsre Türen auf

die knarrend klemmen
wenn meine zitternde Hand
umkrampft den be-
schlagenen Knauf

Dein Schweigen manches ver-
spricht im Konzert der Signale
von Kleid Make-up oder Schuh
haben die Dinge was drauf

Weder in Worten
noch im alltäglichen Schein
spielt sich der Mann ent-
sprechend auf

außer Atem vom Lauf
der Geschichte

Frühling

Den Knollen
die ich ausgrub
aus unsres Gartens
schwerer Erde

die du in Zeitungen
gehüllt im Keller
geschützt hast
vor dem Frost
und vor zu frühem Licht

wird bunte Blüten-
Pracht entsprießen
in unsrem späten Frühling

Aus schrumpeligem Schlaf
erträumt der schiere
Lebenswille glatt
die Liebe sich

erwachend

Spinnenzauber

Das Murmeltier
in wundersamem Schlaf

Der Spinnenzauber
früh am Tag
zum letzten Fang
mit Tausenden von Netzen

zeigt sich in seiner Pracht
als Nebelperlen Baumgeschmeid
verborgen sind die Jäger
die Beute flügelklamm

Erlegter Fuchs im Blut
nein kein trompe l'oeil
Jagdleidenschaft erheischt
ein Opfer für den Aar
auf dem Altar der Alm

wo unter Phoibos' heißem Aug
mit dünner Haut ganz nackt
dein kleiner Orpheus
innen singt

Erkenntnis

Betrachte dein Tun
als essen und trinken
fürs Da-Sein

zu lange
darfst du nicht ruhn
sonst wirst du versinken

tätig am Tag
träumst in der Nacht
schwebend im Meer
des ichlosen Ichs

und nähre
was du nicht hast
- nach neuster Ver-
Kenntnis -:

deine Seele
mit Sein

Vor kurzer Trennung

Was soll ich dir sagen
was du nicht schon weißt
Das Band der Liebe
im Wort nicht reißt
eher im Schweigen

Wir müssen mehr wagen
mit Körper und Geist
und gelassen ertragen
den schnelleren Reigen
im flüchtigen Leben
in kürzeren Tagen

Auge und Hand zu gefallen

Aus scharfen Sinnen
fällt sie uns zu
in jungen Jahren
die Liebe der Liebe

Doch mit der Dämmrung
von Auge und Ohr
zieht sich zurück
was nicht eigentlich ist

Alles was Wesen hat
findet im Geiste Gestalt
jeden Tag neu
wird es nicht alt

Dies sagt meine Vorsicht
auf künftige Zeit
wenn du meine Liebe
ein Alter erreichst
in dem ich nun
zu wohnen beginne

Noch aber Liebste
bedeutet mir viel
was Schöne du darstellst
ausstrahlst und bist
Auge und Hand zu gefallen

Winter

Durchlöchert ist
der Mantel meiner Liebe
der dich im Winter
wärmen sollte

Zwar wächst von innen
sein Futter
immer wieder nach

und wärmen kann ich mich
an deinem Herd
in dem die Flammen
knisternd flackern

In Rom

Dem Ort kannst du entfliehen
doch nicht der flüchtgen Zeit
sie nimmt uns alle mit
aus Hütten und Palästen
aus Kirchen Gärten Galerien
in ihrem Sensenschritt

Wir sind ihr erst entronnen
in Gottes Ewigkeit
zwar hinter uns die Wonnen
es ist noch nicht so weit

Die Zeit
in Rom der ewgen Stadt
trägt sie ein buntes
arg zerfetztes Kleid

Jedoch im Dom
ist sie geschmückt
mit Ewigkeit

Wir sind entrückt

Ortung

Du riefst mich
im Traum
ich erwachte
um zu dir zu kommen

Du warst
nicht im Raum

Fall ich
zurück in den Schlaf
um im Traum
dich zu finden

oder suche ich
dich
mit offenen Augen
wach?

Zuspruch

Es gibt keinen Zufall
es zählt das Geschick
es wirkt im Verborgnen
dann packts im Genick

Es hemmt deinen Lauf
wo du Ziele anpeilst
es bricht dir das Bein
damit du verweilst

Find erst deine Ruhe
wag was dir glückt
viel wird es sein
so gut du bestückt

Geburtstag

Durch nichts begründet ist
verführerisch und falsch
dich lullend in den Schlaf
die Lehre vom Verbleib
der Seele in dem Leib
die so mit tot im Tod
im Lebenskreisverlauf

Ich ruf dir zu wach auf

Bewiesen wird hier nichts
der Grund ist bodenlos
die Schwerkraft fällt im Schoß
des allertiefsten Lichts

Meister Gerhards Fenster

Ein Quantensprung ins Lichtige
von zweiundsiebzig Farben
bar jeden Inhalts
bunt und leer
das neue Fenster für den Dom
führt uns ins Nichtige

Kein Thema mehr
kein Darben nach der Fülle
erlittener Vergangenheit
bar jeder Mahnung und Erinnerung

Kein Gott kein Mensch
die blanke Selektion
des Zufalls in Quadraten

Wenn Gott nicht würfelt
tuts der Teufel
doch dem traut man nicht
man korrigiert ein wenig

Vergeßt für immer
was des Heils Geschichte war
noch jede Zeit
fand ihren Meister

Karneval

tam tam tra ra tra ra
die bahn der strom der platz
tam tam tsching bum die straß
tra ra tra ra bim bam der dom
platz platt platz fuß glatt platt
der spatz die hatz die straß der dom
et kütt et kütt un fott es fott
all aaf all aaf all aaf
da kütt dr zoch dr zoch da kütt
da kütt dr zoch bon bon
bon bon bon bon bon bon
tam tam tra ra tra ra
tsching bum ding dong ding dong
tusch tusch en bütz ja ja
ja ja jo jo musch musch

Fußball

die elf der platz der ball der fuß
der schuh der tritt das gras der kick
die hand der pfiff der schuß das aus
das eck der kopf das netz das tor
der raum der wurf der lauf der paß
das knie der prall das foul der riß
das hemd der griff der stoß der sturz
der schweiß der krampf die zeit der schmerz
das bein das herz gelb rot der schuß
der check das feld der dreck der held

Sucht

der frust der durst der sog die gier
heiß kalt der schweiß er friert
der blick der gang der schrank die hand
das glas das bier der schluck
der wein der schnaps das korn der rum
der drink der trunk der mund
der schlund er trinkt
der kopf der schub der kick der rausch der ruck
er raffts er packts er läßts er schaffts
die stund der tag und sonn und mond die nacht
kein schlaf kein traum kein ruh
die last der job das herz die pein
der frust der durst der trost
die sucht die hand das glas der rausch
und tumb und krank und blank
und stumm nur rasch zum rausch
und krank und kick und schlag und tot
die leich der sarg das grab

Verlust

Wer die Mitte verspielt
hat verloren
wer die Oberfläche
für das Maß aller Dinge hält
wem gleich-
gültig jede Beschaffenheit
hat sich verloren

Im Oszillieren vergeht
jede Substanz
im Changieren der Sinn

En vogue –:
im Wind der Wellen Kamm
Gischt Schaum zer-
stiebend

Regenbogen der Schrecklichen
Götter die Erde sich
wiedererobernd

Abendland

Sonntag Abend im August
ein Himmel apokalyptischer Färbung
Wolken gefleddert bizarr
rasen dahin im Westen
vor einem Firmament gewaschen blank
auf bodenlosem Grund
von reinstem Blau nordwestlich

Indigograu ins Dunkelviolett
dann bräunlich fahl südöstlich
die schmutzigen düstren Farben
in rasender Bewegung fern

Komplementär Palette Ost
Heerscharen West hie himmlische
höllischer Widerpart dort

Der donnernden Kulisse Augenschein
ein Weltendrama unsichtbarer Spieler

Und der Betrachter säkular und klein

Burg Vogelsang

I

Kunst-Stein   schwarz-grau
die Stelen stecken brüchig
im Herzen von Berlin   der Hauptstadt
die als Germania nach des Diktators Willen
die Welt verwalten und beherrschen sollte

Mahnmal   und trister Anti-Epitaph
auf tausend Jahre Mythos
der Schrecken erst   und dann den Tod
den Juden brachte
und Schande dem verführten Volk
das sich besiegt
zu seinem Glück bedingungslos ergab

Nach über einem halben Hundert Jahren
auf einem leeren Grund stadtmitten
im Schatten Ahnhaft-Schuldiger
schuf zögernd man dies Zeugnis
des Willens zur Erinnerung
und allzu später Scham

Berlin ist weit
die letzte Leihstadt des Regierens liegt
westlich der Runen und des Rheins
und hinter Bonn beginnt die Eifel
das Hohe Venn   Ost-Belgien
und bald das Meer

II

Wo nur Natur war   und sonst nichts
auf der Gemarkung der Gemeinde Dreiborn
packt manchen Paladin die Lust
berauscht vom eignen Höhenfimmel
ein Heiligtum der Hitlerjugend zu errichten
mit einem Kultraum für die „Helden"
„gefallen" im November
bei des Verführers Putsch im Frieden

Fackelträger   Hakenkreuz und Feuerzauber
Flamme lodernd im Kamin
Scheite sinkend in die Glut
die Stimmung in der Schenke steigt
vom Feuerschein beleuchtet flackernd scheint
auf prangendem Relief ihr Wahlgott Wodan
des Seelenführers wilde Jagd

Hier halten Hochzeit junge Rassemenschen
ihr Stammbaum arisch rein
daß der Reichshundeführer
im Räuberland mag ruhig sein

Burg Vogelsang samt Böschung Berg und See
ein Ordenssitz und Bildungshort
von abgefeimter Demagogik
schuf Unrechts-Helden einer irren Lehre
mit Spiel und Sport gelockt die Jugend
verführt verhetzt verhitlert und verheizt

III

Vom Turm schau ich hinab im Wind
auf Wald und Urft-gestaute Flut
auf Thing-Appellhofplatz und Adlerhof
und Tore trutzig   aus der Vogelschau
Kasernen   Schwimmbad   Stallungen
und selbst der Turm
was alles tausend Jahre überstand
dann Bauten aus der Nachkriegszeit
wohl auch die kolossale Panzerschwemme
den kleinen Flugplatz aber gab es schon
für Führer und Reichstrunkenbold

Adler und Ehr   Fackel und Speer   tief unten
Skulpturen auserkorner Wappentiere
zersprungen angeschossen und zersplittert
sind Reste eines Reich-Symbols
zu Beichte   Buße   Einkehr und Gebet
uns Glücksgeborenen verblieben

IV

Grell-gelbe Stelen   Treffpunktständer
Denkmäler deutscher Häßlichkeit
weil kein Ort schön sein darf
geschweige denn harmonisch
wie die Natur die ihn umgibt
aus dessen Hybris himmelschreiend
die Hydra ihre Heimstatt fand

Von hier aus wandert man
den Weg bei Strafe nicht verlassend
beklommen   und doch wach
wohl auch mit Wehmut
durch Wiesenreste   Wald und Heide

wo früher Straßen   Gärten Felder
ein Dorf und seine Menschen waren

Verstepptes Land   verwaiste Höfe
Kirchenskelett mit Dach
und künstliche Gebäude   Filmkulisse
doch ist dies keine Westernstadt
Wollseifen   Wüstung
Übungs- und Erprobungsfeld
für Material und Truppe nach Kriegsende
zuletzt ein Ort des Trainings jener Staffeln
die uns vor Terror schützen

V

Man ist in einem Schonraum   Park
hier ist der Mensch im Spiel
Geschichte guten Willens lebt
Wald wird zu Laubwald umgewandelt
wo eingeführtes Nadelholz
heimischen Pflanzen weicht

In einem frühern Grenzgebiet
das heute Freunde nur
und keine Feinde kennt
inmitten dieses Nationalparks Eifel
wird aufgebaut ein Bildungszentrum
in Freiheit europäisch offen
für Bürger einer Welt

Vergangenheit wird nicht geschönt
Geschichte Gegenwart und Zukunft
Elend und Zuversicht auf einen Blick
man muß es nur verstehn

Im Turm

Berlin Jüdisches Museum

Gefühle der Verlorenheit
an einem Ort
der einen Schrecken simulieren soll
den du nicht hast

als ob gefangen
ausgesetzt allein
die eigne Frau die wenigen Besucher
kaum wahrgenommne Schemen
und vergessen schon
in einer Stille inmitten unsrer Hauptstadt
die eine Wunde offen hält
die deutsche Schuld geschlagen hat
zu unsres Namens Schande

die dunkle Hohlform dieses Turms
fahlweißer Lichtschlitz
in spitzem Winkel hoch
und die Geräusche dringend durch
die schwarzen Wände aus Beton
von einer schrillen Stadt
verfremdet und gebrochen
gedämpft betäubend
im Ohr das jeden Halts entbehrt

warum du hier
hast du vergessen
bist eingetaucht in deine eigne Finsternis
aus deren Tiefe Worte steigen
die sich zu einem Reigen aneinander
reihen wollen

was du nicht zuläßt
das verbietet dieser Ort

woher du eben kamst
wie abgezählt hineingelassen
von einer Wärterin in Uniform
wohin du gehst durch diese schwere
und bewachte Tür
durch Gänge Korridore Katakomben
beklommenen Erinnerns

und die Stätten der Leere
trittst auf

Shalechet
Gefallenes Laub

Gesichter klirrend unter deinen Schritten

begleiten wird der fremde Schrecken dich
aus weiter Ferne
wächst er
her-
an
-

Götzendienst

Die neuen Altäre
ragen in den Himmel
kratzen die Wolken
erheben sich hoch
über die Nebel
derer dort drunten

Herab fällt Kaltluft
Bettler und Penner erfrieren
wenn oben die Sonne
im Logo blitzt

Mancher des Leben Arbeit war
für alle Zeit frei-
gesetzt in besten Jahren
auf engstem Raum
füllt sich mit junk food
zappt sich auf hundert Kanälen
schippernd von Traum zu Traum

Was wird dort gebetet
über Hudson und Main?
Und was wird geknetet
zwischen Abel und Kain?

Scheintot

Der Krake ist tot
abgeschlagene Arme
doch seine Tentakeln
noch zuckend voll Leben
greifen raffender Gier
ins Nichts
statt ins Getier

Das Auge bricht
das Hirn erstirbt
so scheint es

Doch solchem Monster
wachsen Arme nach
noch sind die Meere
halbwegs reich an Fischen

Chips auf Casinotischen

Der Krake ist tot
es lebe der Krake

Lyrics

Post-
modernen Menschen
Machern
sind Mythen Märchen
Hirngespinste

ist Lyrik
ein illustres Wort
für Lüge
im besten Falle blühend
Phantasie

Was aber ist der Analysten
alltägliches Metaphern-Raunen
was meinen Kurse
die wie Fieberkurven zucken
und wie Röhricht schwanken

wem brummt der Bär
und brüllt der Bulle?

Heuschrecken

da der mann des worts
mit der macht des worts
nie so weit kommt
wie der mann der macht
mit der macht des worts
muß die macht in das wort
durch den mann der macht

wenn stark wort not tut
und die macht hat das wort
und das wort ist wahr
und die macht hält
was das wort spricht
dann ist das macht wort gut
dann folgt dem wort die tat

Gier

es brüllt das tier
in ihm die gier
frißt auf den man
feist strotzt das biest

das tipt und zockt
heckt trixt und trügt
von clau zu clau
stiebt staub vom bau

hoch stieg der curs
grinst win spin pin
und taff raff raff
topt dax den dax

es wipt es kipt
heiß bläht die luft
da platzt die blas
der dax macht knax

der curs im sturz
crash bläst sein furz
säuft ab das tier
doch nicht die gier

An die Ausbeuter

es ist nicht der neid
auf saus und braus
auf glanz und prunk
es riecht nach stunk

ihr schmeißt uns raus
da schäumt die wut
man hat kein haus
man döst das leid

ihr stehlt uns das brot
zieht gold aus kot
ihr nehmt uns den mut
uns kocht das blut

ihr drückt uns klein
brecht uns das kreuz
müllt uns den kopf
wir sind das schwein

was euch bringt glück
hackt uns zu stück
stumm dumm und dick
sind wir der schlick

Silizium

Ausgerechnet
dieses Element
gesellig von Natur
in Kiesel und Kristall
sei selektiert und pur

gejagt durch Höllen
gesteigerten Entzugs
von jedem fremden Elektron
gesäubert und verdammt
zu seiner Reinheit absolut:

Isolation total –
so fließt
des Paradieses Strom
in jedem Chip global

steril und sündhaft teuer
in einer Todeskammer
ungeheuer

Destillation

Aufklärung pur
gebrannt
gleicht destilliertem Wasser
ein ungesättigt Gift
für jeden Organismus

läßt Sehnsucht
im Geheimen wachsen
und lechzen nach dem Sud
gebraut
in Schattenwinkeln
alter Tümlichkeit

nach Trunkenheit
und Tanz ins Chaos

Doch wer beschwört
die Dosis jener Elemente
die ihre Reinheit
schmackhaft und verträglich macht

und wer versöhnt
des Lasers strengen Strahl
mit schwelendem Fackelschein?

Nachtigall

Gibt es sie noch
die wenigen einzelnen
wissend
worum es geht

wenn die Nachtigall singt?

Die anderen haben den Vogel
weder gehört
noch gesehn

Ihr Schlagen ist ihnen
so verwandt
wie das Trommeln im Busch

oder die Warteschleife
des Herzens

Nagetier

Dem Traum vergab ich
meine Rechte
und er regierte
tief in den Tag hinein

Ich schlief im Winter
unter einer Wächte
und vegetierte
als ein Igel klein

Frühling entzog
mir seinen Schutz
Stacheln und Schnee
und ich begriff
mein Traum entflog

Doch mit dem Herbst
wuchs Winterfell
der Traum wob eine Wächte

Und ich mich fallen laß
in seine warme Rechte

Schlehe

Wie soll ihr Herz
zur Süße brechen
wenn Frühherbsts Frost
erst kommt
wenn sie schon tot?

Zu meiner Zeit
da waren Schlehbusch-
Beeren blau und prall
sie schmeckten
mild und weich

Doch diese Süße
ging verloren
im Weltenwandel
hausgemacht

Schnee
auf dem Kilimandscharo

Schnee

wie lange noch?

Titanenwurz

Es ist nicht
was es purpurn scheint
kein Aas
was danach stinkt
kein geiler Brutplatz
für Insekten im Verwesen

Drei Meter hoch
und luziferisch schön
Titanenwurz
die Königin des Täuschens

Kurzflügler Käfer wilde Bienen
um ihren Nachwuchs sind geprellt
die eine Futterkrippe wähnten
und ihre Eier legten ab
im lockend tiefen Innersten
der warmen Blumenblüte

Die ausgeschlüpften Larven sterben
doch sie lebt weiter
ihr Pollen ist bestäubt

Lotosblatt

Natur und Wahrheit
pflegen paradox zu sein
erst so wird Sinn

Das Lotosblatt
sei ein Beweis

Wasser sonst netzend
bis es verdunstet
perlend zieht es hinab
einverleibend den Schmutz
jedweder Fläche ins Erdreich
die es beglückt

Wo der Tastsinn sagt glatt
im Reiche der Nanos
sind Höcker und Noppen

Technik in der Natur -:
wir ahmen nach
was uns das Lotosblatt lehrt

Das Wrack

Protestgeschrei von jenen
die es immer besser wissen
als den Koloß
Okeanos verschlang

Dies ist nun eine Weile her
die Wogen haben sich geglättet

und siehe da:

Bakterien auf Stahl bald Pilze
Polypen wuchernd schnelle Pioniere
und Rankenfüßler Seegewächse
erwirkend Lebensraum im Meer
für Pflanzen und für Tiere
die Biomasse dichtet –

das Wrack erblüht zum Wassergarten

Und so verwandelt Gott
des Menschen Schrott

Kondensstreifen

Bucheckern Eicheln im Übermaß
knispeln und prasseln
durchs Laub herab
das nur zögernd sich färbt

Schmerz mir im Scheitel sticht
ich geh in die Knie
die Eichel rollt zurück ins Laub

Der Frost läßt lange
auf sich warten dieses Jahr
der Sommer war sehr heiß

Ein blauer Himmel weiß-
gestreift im Flugzeugbahnenmuster
aus Triebwerks Dampf die aus-
gestoßnen Wassertröpfchen
erstarrt zu Eiskristallen
die wolkenbildend Kühle schaffen

So laß ichs reflektierend stehn

Der Golfstrom

Die Heizung wurde abgestellt
von höherer Gewalt
die hellen Nordlandtage werden kalt
der Golfstrom ist versiegt

Uns weiterhin zu dienen
die wir dem Zauberlehrling gleich
der Pumpe seines Herzens
zu viel des süßen Wassers zugeführt
hat er den Dienst uns aufgekündigt
und wird für tausend Jahre schlafen

Ziehn wir uns wärmer an
vergessen wir am Rhein die Reben
es müssen nicht gleich alle
Europäer sterben

Eiszeiterprobt –
wir überleben

Die neue Menschin

Statt deines Herzens
zählt die tätowierte Haut
metallisch aufgerauhte
Augenblicke Oberflächen
schimmernd schön

Lackierte Nägel kleinste
Knöpfe klickend SMS
statt SOS
auf einem Schiff das krängt
in unerkannter Eisbergnähe

Kein Bild
im Herzen einbeschlossen
Mattscheibenglanzgesicht
zeitgleich und scharf

Entsinnlicht fingerkuppengeil
steril im Schwatzraum erdenweit
kannst nicht berühren
noch erhören mich

Vergeigt

Doch jede Tat –
sie habe ihren Engel
und ihren Teufel auch
in unsichtbarem Hintergrund
vor allem im Detail

Daß wir nicht Herr
des Handelns wären
ward uns bewußt gemacht
und Herr auch nicht
im eignen Haus

Die Gene sinds die Gene!
spielt jetzt die erste Geige auf
Sie machen die Musik
und ihr müßt tanzen

Vergeigt –
die Wörter klingen falsch
die Saiten sind verstimmt
und überdreht die Wirbel

Kirmes

Das Los aus der Schicksals-
Tüte gezogen
von deiner Seele
für ihre In-
Karnation war
keine Niete
nicht?

Was deine Eltern be-
zeugt: du bist

Und deine Kinder
sie sind
die Enkel sie sind

Physisches Erbe
harte Ware Gehäuse
worin du zuhause
(mal wieder?)
in Raum und Zeit

Demut

Netzendes Wasser
und die Sonnen-
muskeln der Blumen
Flugsamen
Pollen im Wind
Steine im Strom

Eis bricht den Fels
Dampf sendet Blitze
zur Erde

Gnade

Nicht der Erfolg
und auch nicht das Werk
nicht die Tat
zuletzt nicht der Leib
und das Leben

stehn dir im Weg
am Ende
zum Anfang

Die Schwalbe

Durchs offne Tor
ins leere Schiff des Doms
flog die Schwalbe
am Morgen

War es ein Schwärmer
der sie zog?

Bald kamen Menschen
massenweise
zu schauen alte Kunst

Sich wälzend rein und raus
blockierten sie den Weg
den Spalt zurück
unter dem Sturz
ins helle Freie

Der Abend entließ sie

Schöpfertum

Geschöpf und Ursprung
treffen
sich gelöst
bespiegelnd in der Kunst

Dort darbt der Gott
verdreht man ihm
das Wort

Er läßt uns spielen
hält uns aus

Die Leidens-
Asymptote seiner Wahl
und das Geheimnis
unsrer Qual

Freiheit

Dich red ich an verdammter Widerpart
Erzengel einst zerschmettert durch
der Freiheit Falle Fall und Sturz
ein Furz du ichbeseßner Kältepol
Gotts Frost von Orlog Sponsor hohl
ins Gegen-Teil von deinem Namen Luzifer

blähst du dich auf vermummt
im Mantel unserer Verneinung
Ereignishorizontes stoffverknäulte Spinne
chaotisch irr verquickt vernetzt
verhetzt ins kosmische Geschehnis
reißt uns dein Maß auf unsrer Blutspur fort

O Schwarzes Loch der Liebe
verschluckt im Arsch des eignen Widerhalls
bist du so lange Leidender bis schmerz-
geschmolzne Schuld zurück-
geflossen ist ins Urlicht

ins Ende aller Zeit

Seele

Wann aber in mir
kommst du am nächsten zu dir?
Ist es die Kindheit welche ver-
schwindend schärfer erscheint
oder sind Krankheit und Not
dir eine gastliche Wohnung?
Oder findest du heim
in Sünde und Gier?

So darf ich nicht reden
auch wenn mir nach Lästern ist
weil mir die hörigen Worte ver-
sagen was sie doch manchmal sind:
die unverfrorene Liebe

Du der in mir nie alternde Teil
der sich im Wachsen verjüngt
bis ihm im Tod die unsterbliche
Seele entspringt

An die Alten

Neugierig seid
verzaget nicht
wenn Nebel
eure Zielgerade schluckt

Denkt an den Vorhang
der sich hebt
gespannt wie Kinder seid
der Überraschung
fiebert ihr entgegen

Und kommt da nichts
so habt ihr nichts verloren
Wer nichts erwartet
hat auch nichts verdient

Und wer geliebt
wird weiter leben
in diesem
wie in jenem Reich

Wie im Himmel

O
Erde unsre
die du bist im Himmel
Blau

Was deine waisen
Kinder tun
weißt du genau

Ihr freier Wille
ist ihr Elixier
damit ihr Spiegelbild
kein Tier

Was wir auch tun
geschieht
auf ein Geheiß
das sehend blind
wir voll erfüllen werden

Hier auf Erden

Hier und jetzt

Hier

mitten im Wald
schrie stumm
aus hellichter Tiefe
mein Nach-Ich

Auf diesem Lichtfleck
unter den Buchen hier

möchtest du sterben

mit der Schöpfung im Frieden
im Einklang mit mir
sonnenversunken
ziellos und leicht

jetzt

Rett es hinüber
dieses Gefühl
über des Alltags Verhau

hole es heim

Gebetsmühlen

Der Mensch lebt nicht
allein vom Brot
so baut er Mühlen
welche Wörter mahlen

Brot für den Geist
im Herd des Hirns gebacken
nach heiligem Brauch

Der Wortlaib eingewickelt
in einer Walze
die sich dreht
durch Handschlag
Wasser oder Wind

Den Unsichtbaren anvertraut
das Brot zu teilen
mit den Wesen
welche Hunger leiden
an dem gedeckten Tisch

Lichtmühle

Glaskugel evakuiert
bis auf wenige Luftmoleküle

auf zerbrechlichem Stiel
reibungslos fast
um ihre senkrechte Achse
dreht sich im Lichtstrahl die Mühle

vier Quadrate briefmarkenklein
die Fläche der Flügel
silbern die Vorderseite
die Rückseite schwarz

absorbierend das Licht
zum Tanz erhitzter Partikel
die springend und tretend
zu lichtbeschleunigter Drehung
den Antrieb des Rades bewirken

spielerisch flirrend
zur Feier von Schwärze und Licht

Die Gletschermühle

Im waldfeuchten Tobel
der tropflichte Trog
die ausgestrudelte
Mühle des Gletschers

Fallender Wind
talab mit dem Fluß
auf prickelnder Haut
fröstelnde Ahnung von Eis
im Mahlstrom der Zeit

Die Kollersteine sind
zerrieben ausgequirlt
kein Steinmehl mehr zu mahlen
kein Tropfen Milch
dem Gletschertor entquillt

Verwandlung nur
statt Steinschrot Brot
und Milch von warmen Tieren

Tretmühle

Ich leih mir das Wort
vom rasenden Stillstand
klopfendes Herz
im kreiselnden Käfig
in sinnlosem Trott

anstatt
mit übertragener Kraft
die trockenen Felder
zu tränken

Die Kaffeemühle

Zwischen die Knie geklemmt
kantiges Küchengerät
Kaffeebohnen zu mahlen

Den kubischen Kasten
die linke Hand hält
die rechte kurbelt mit Kraft
und das Mühlrad knirscht
unter vernickelter Kuppel

Muskelkraft kostet
vor dem Genuß
der duftende Türkentrank

In die Schublade rieselt
das Pulver der Satz

Kessel Kanne und Tassen
Herdfeuer Wasser bereit
in der Küche vergangener Zeit

Komm mit ins Heimatmuseum

Haiku

Mit jedem Haupt ab
Paralleluniversen
in neuen Versen

Spektrum

Kupferrot der Mond
unterm Schatten der Erde
Rot auf Schwarz sich bricht

Verströmung

Als Wasser fließ ich
um mein Bewußtsein bangend
über alles hin

Blaue Hortensien

Beigemischt hast du
ins Wechselspiel der Farben
vom Himmel das Blau

Unser Garten

Blüten Chlorophyll
dank deiner grünen Daumen
Leben im Idyll

Schneepart für Ötzi

I

Wir kannten nicht den unerhörten Hort
aus dem er dichtete und sprach
der Zeuge einer warmen Zeit
die sich ins Kalte kehrte

Jetzt hat er seinen Schneepart hinter sich
um kunstgefroren weiterhin zu wesen
in Schränken aus Metallen ungeahnt
Schamane mit dem Kupferbeil
dem Eibenbogen Halbzeug Köcher Pfeilen
aus einem Herbst dem innert eines Sturms
ein langer Winter wurde

II

Aus blinder Zeit blick ich zurück
in eine lichte Menschheits-Episode
die hinter sich die Langsamkeit des Steins
schon fast gelassen die Metalle kochend
mit Feuer spielend Zukunft sann

Die Götter tauchten aus dem Nebel auf
aus ihrem Geist geronnen die Konturen
Geschichte Sache einst von Wind und Wellen
erzählt sich nun in Kündern und Auguren

III

Auf hohem Joch dem Himmel nah
am Ort der Heiterkeit und Übersicht
der Hirt der Hirten aß
den Pilz vom Wald im Dämmerlicht
darin die Märchen schlummern

und träumt den Abstieg summt das Lied
das er am Feuerherd zum Tanz
bei Met und Gamsbret singen wird

als ihn der Schnee ins Schweigen hüllt

IV
Fünftausend Jahre sind vergangen
inzwischen wurde Gott getötet
die Völker trieb es um
Kulturen blühten Reiche gingen unter
der Mensch des Nordens unbesiegt
von Dunkelheit und Eis
in ungeheurem Übermut
zwingt sich zu Diensten Glut um Glut
den Schoß der Erde plündernd
vergiftend ihre Haut
der Elemente Zauberschwirrn

durch Formelspuk versklavt der Mensch
gewissenlos veräußernd Wälder
Vögel Fische Lebensräume
die Luft zersetzend himmelschreiend
von Räude Rost und Kufenkrätze
sind Alm und Trift befallen

Da weht ein Föhn
Saharastaub in seinem Atem
mit heißen Tigerzungen leckend
den Gletscher überm Ötztal
binnen Tagen frei
und zieht die Decke
seines weißen Schlafes weg

V

Auf einem Steine sitzt erschaudernd
Gedankenpfeile talwärts sendend
Gebete murmelnd schließlich schweigend
erschöpft der Mann
im Fels gelagert hart am Joch
wo ihn der Schnee bedecken wird

Die Perlenschrift zum letzten Mal gelesen
rollt zu Boden der Mus-Stein fällt
die Schlehen Gräser Schwämme
die Märchenrösser dörren ein

Fast fertig für den Abstieg
war er ausgerüstet
die neue Weise kannte
seine Flöte schon von Worten
Frevel aus dem Land zu bannen

als ihn der Wettersturz begrub

Von Wendepunkt zu Wendepunkt
lebendig oder tot gebrochen
kreuzt des Schamanen hell-
entgrenzter Blick
den Anfang wie
das Ende unsrer Zeit

Ode an den Mond

Bis Vollmond mich zum Werwolf macht
Solang du zunimmst steigt die Stimmung
Auf mich zurückgeworfen wenn du wechselst und verblaßt
Die Flut springt wenn du Neu und springt bei deinem vollen Rund
Beginn Geburt und Werk gelingen wenn du wächst weit schneller
Du Meister der Gezeiten schwindend schwindets und verebbt
Es stirbt sich leichter wenn du abnimmst
    Und alles singt und schwingt im Spiegeltausch
    Da werden Schwächen stark zu stark zu Stärken
    Da werden Stärken schwach zu schwach zu Schwächen
    Im Steinbock bist du im Exil und im Skorpion im Fall
    Beherrschst den Krebs und bist erhöht im Stier
    Der Erde Bruder bleich den keine Sonne wärmt
    Der Meteore Hagel schlug dir Narben
Für Mare Schrunden Krater und Gebirge tot
Gelehrtenrepublik steril der großen Namen
Du fahle Leuchte mancher Lichtung meines Werks hienieden
Wo scheiden sich an dir die Geister der verwirrten Welt
Der Spiegel deines Zaubers und der Mythe brach entzwei
Die Frucht gegessen doch an Erkenntnis kein Gewinn
Verloren ist der letzte Hauch von Unschuld
    Trotz Blei im Stiefel leichte Känguruhs
    Im Erdschein wateten durch deinen unberührten Staub
    Verpuppte Männer aus der Neuen Welt erstarrter Flagge
    So grinst du hin die schönsten Schäfchen hütend goldner Mond
    Nur Marmorgrinsen hast du übrig für den irren Blick
    Du Ort des Todes Ort des Sehnens und der Klage Hort
    Dein Spiegel wirft uns kalt auf uns zurück
    Dein Spiegel wirft uns kalt auf uns zurück
    Du Ort des Todes Ort des Sehnens und der Klage Hort
    Nur Marmorgrinsen hast du übrig für den irren Blick
    So grinst du hin die schönsten Schäfchen hütend goldner Mond
    Verpuppte Männer aus der Neuen Welt erstarrter Flagge
    Im Erdschein wateten durch deinen unberührten Staub

Trotz Blei im Stiefel leichte Känguruhs
Verloren ist der letzte Hauch von Unschuld
Die Frucht gegessen doch an Erkenntnis kein Gewinn
Der Spiegel deines Zaubers und der Mythe brach entzwei
Wo scheiden sich an dir die Geister der verwirrten Welt
Du fahle Leuchte mancher Lichtung meines Werks hienieden
Gelehrtenrepublik steril der großen Namen
Für Mare Schrunden Krater und Gebirge tot
  Der Meteore Hagel schlug dir Narben
  Der Erde Bruder bleich den keine Sonne wärmt
  Beherrschst den Krebs und bist erhöht im Stier
  Im Steinbock bist du im Exil und im Skorpion im Fall
  Da werden Stärken schwach zu schwach zu Schwächen
  Da werden Schwächen stark zu stark zu Stärken
  Und alles singt und schwingt im Spiegeltausch
Es stirbt sich leichter wenn du abnimmst
Du Meister der Gezeiten schwindend schwindets und verebbt
Beginn Geburt und Werk gelingen wenn du wächst weit schneller
Die Flut springt wenn du Neu und springt bei deinem vollen Rund
Auf mich zurückgeworfen wenn du wechselst und verblaßt
Solang du zunimmst steigt die Stimmung
Bis Vollmond mich zum Werwolf macht

Inhaltsverzeichnis

Albtraum. 5	Burg Vogelsang. 48
Volksdichter. 6	Im Turm 52
Der Krake 7	Götzendienst 54
Versnetze. 8	Scheintot. 55
Das Wort. 9	Lyrics 56
Infinitive 10	Heuschrecken 57
Mittelwörter. 11	Gier 58
Sprache 12	An die Ausbeuter 59
Nach dem Mittagsschlaf. . . 13	Silizium 60
Archäopteryx 14	Destillation 61
Arabeske 15	Nachtigall 62
Selbstgespräch 16	Nagetier 63
Die Kunst 17	Schlehe 64
Selbstverrat 18	Titanenwurz. 65
Quell 19	Lotosblatt. 66
Drei Kugeln 20	Das Wrack 67
Entfremdung 21	Kondensstreifen 68
Jahrgang 38 22	Der Golfstrom 69
Vergangenheits Gegenwart . . 24	Die neue Menschin 70
Ekstase 25	Vergeigt 71
Gebrochen im Traum . . . 26	Kirmes 72
Metaphysik 27	Demut 73
Netzwerk. 28	Gnade. 74
Globalisierung total . . . 29	Die Schwalbe 75
Saft des Erinnerns. 30	Schöpfertum 76
Asymmetrie. 31	Freiheit 77
Frühling 32	Seele 78
Spinnenzauber 33	An die Alten. 79
Erkenntnis 34	Wie im Himmel 80
Vor kurzer Trennung. . . . 35	Hier und jetzt 81
Auge und Hand zu gefallen. . 36	Gebetsmühlen 82
Winter 37	Lichtmühle 83
In Rom 38	Die Gletschermühle 84
Ortung 39	Tretmühle 85
Zuspruch. 40	Die Kaffeemühle 86
Geburtstag 41	Haiku 87
Meister Gerhards Fenster . . 42	Spektrum 87
Karneval 43	Verströmung 87
Fußball 44	Blaue Hortensien 88
Sucht 45	Unser Garten 88
Verlust 46	Schneepart für Ötzi 89
Abendland 47	Ode an den Mond. 92

Der Autor

Ludwig Verbeek, geboren 1938 in Köln, studierte Philologie, Psychologie und Kunst in Bonn. Arbeitete als Lehrer für Deutsch und Englisch. Lebt – mit Unterbrechungen – seit 1954 in Bonn.
Veröffentlichung von zahlreichen Essays, Erzählungen und Gedichten in Zeitungen, Zeitschriften, im Rundfunk, Internet sowie in Anthologien.

Lyrikbände:
Brechungen, Duisburg 1971
Lucide Intervalle, Duisburg 1973
Schaubilder in Grammatik, Köln / Bonn 1975
Stück und Kristall, Duisburg 1979
Von Orpheus bis Unperson, Bonn 1980
Das Blaue vom Himmel, Bad Honnef 1992
Anflug auf dich – Liebesgedichte, Koblenz 1997
Rückkehr der Verse, Koblenz 1998
Lichtjahre und ich, Bonn 2005

Omar Chayyam, Philosophische Bildergalerie im 11. Jahrhundert – Persicie Gedichte mit deutscher Übertragung von Jalal Rostami Gooran und Ludwig Verbeek, Bonn 2006

Prosa:
Jagd ohne Falken – Essaynovelle, Bad Honnef 1992
Friede sei mit mir – ein religiöses Tagebuch, Siegburg 1999

Lyrik im Horlemann Verlag

Ludwig Verbeek
Das Blaue vom Himmel
128 S., gb., ISBN 978-3-927905-45-0

Norbert Rosowsky
Durchgestrichene Miniaturen
112 S., br., ISBN 978-3-89502-263-0

Hildegard Moos-Heindrichs
Heimspiele
296 S., gb., ISBN 978-3-89502-264-7

Manfred Enzensperger
Semiopolis
96 S., br., ISBN 978-3-89502-157-2

Hadayatullah Hübsch
Tickets
96 S., br., ISBN 978-3-89502-147-3

Doris Distelmaier-Haas
vielleicht sollte ich wieder küssen üben
96 S., br., ISBN 978-3-89502-279-1

Arnold Leifert
wenn wach genug wir sind
104 S., gb., ISBN 978-3-89502-067-4

Fordern Sie unser aktuelles Gesamtverzeichnis an:

Horlemann Verlag

Postfach 1307 – 53583 Bad Honnef
Telefax 0 22 24 / 54 29 – E-Mail: info@horlemann-verlag.de
www.horlemann.info